BEI GRIN MACHT SICH IHR WISSEN BEZAHLT

AF153573

- Wir veröffentlichen Ihre Hausarbeit,
  Bachelor- und Masterarbeit

- Ihr eigenes eBook und Buch -
  weltweit in allen wichtigen Shops

- Verdienen Sie an jedem Verkauf

**Jetzt bei www.GRIN.com hochladen
und kostenlos publizieren**

Trainingsplanung für eine beliebige Person für das Ausdauertraining. Diagnose, Zielsetzung/Prognose und Trainingsplanung Mesozyklus

Christina Huendgen

Bibliografische Information der Deutschen Nationalbibliothek:

Die Deutsche Nationalbibliothek verzeichnet diese Publikation in der Deutschen Nationalbibliografie; detaillierte bibliografische Daten sind im Internet über http://dnb.d-nb.de abrufbar.

ISBN: 9783346905192
Dieses Buch ist auch als E-Book erhältlich.

© GRIN Publishing GmbH
Trappentreustraße 1
80339 München

Druck und Bindung: Books on Demand GmbH, Norderstedt Germany
Gedruckt auf säurefreiem Papier aus verantwortungsvollen Quellen

Das vorliegende Werk wurde sorgfältig erarbeitet. Dennoch übernehmen Autoren und Verlag für die Richtigkeit von Angaben, Hinweisen, Links und Ratschlägen sowie eventuelle Druckfehler keine Haftung.

Das Buch bei GRIN: https://www.grin.com/document/1370607

Inhaltsverzeichnis

1 Teilaufgabe 1 - Diagnose

1.1 Allgemeine und biometrische Daten

Die Diagnose ist sehr wichtig, um das Training des Kunden optimal und individuell planen zu können. Dafür müssen vorab in einem persönlichen Anamnesegespräch Kundendaten erhoben und eine Ausdauertestung durchgeführt werden. Im Anschluss können damit Rückschlüsse auf die aktuelle Trainierbarkeit gemacht werden.

Tab. 1: Allgemeine und biometrische Daten (eigene Darstellung)

Geschlecht	Mann
Alter	21
Größe	175 cm
Gewicht	63,5 kg
BMI	20,6 18,5-24,9 Normalgewicht (siehe Abb.1 BMI Klassifikation)
Körperfettgehalt (gemessen mit Tanita Körperanalyse Waage)	17,2% Liegt im gesunden Normalbereich für Männer in diesem Alter (siehe Abb.2 Healthy body fat ranges for adults)
Berufliche Tätigkeit	Jura Student, hauptsächlich sitzende Arbeit am Schreibtisch (ca. 7 Stunden täglich)
Frühere sportliche Aktivitäten	Tennis, Laufen, Golf (alles als Freizeitaktivität)
Trainingsumfang	Immer nur eine Sportart ausgeübt, jeweils 3-4 Einheiten pro Woche
Ausdauertrainingserfahrung	Seit 2 Jahren regelmäßiges Laufen und Radfahren
Aktuelle sportliche Aktivitäten	Dreimal pro Woche ca. 1 Stunde Laufen Einmal pro Woche ca. 1 Stunde Radfahren
Trainingsmotive	Allgemeine Leistungssteigerung, Rad Halbmarathon
Zeitlicher Verfügungsrahmen	4 mal 1 Stunde pro Woche, am frühen Morgen (8-9:00 Uhr)
Blutdruck	119 mmHg systolisch, 72 mmHg diastolisch Liegt im Bereich der Normotonie, ist ein normaler, optimaler Ruheblutdruckwert. Dieser gilt unter 120 mmHg systolisch und unter 80 mmHg diastolisch (nach der Blutdruckklassifikation der American Heart Association, siehe Abb.3)

Ruhepuls	54 Schläge/Minute
	Liegt im Bereich der Bradykardie, dieser geht von weniger als 60 Schlägen pro Minute aus (siehe Tab. 4)
Gesundheitliche Einschränkungen - orthopädische Probleme	Je nach Trainingsbelastung leichte Schmerzen im Kniegelenk (selten, ca. einmal im Monat)
Sonstige gesundheitliche Einschränkungen	Ansonsten keine weiteren gesundheitlichen Einschränkungen oder Probleme bekannt
Medikamente	Keine Einnahme von Medikamenten
Trainierbarkeit	Sehr gut, da schon erfahren und bereits gut trainiert

Abb.1: BMI Klassifikation (modifiziert nach WHO, 2000)

Kategorie	BMI
Untergewicht	weniger als 18,5
Normalgewicht	18,5 - 24,9
Übergewicht	25 - 29,9
Starkes Übergewicht (Adipositas Grad I)	30 - 34,9
Adipositas Grad II	35 - 39,9
Adipositas Grad III	40 oder mehr

Abb. 2: Healthy body fat ranges for adults (Tanita, 2019)

Anm. der Red.: Die Abb. wurde aus urheberrechtlichen Gründen entfernt.

Abb. 3: Bludruckklassifikation der American Heart Association (modifiziert nach Manica et al., 2013, S. 1286)

Bewertungs- stufen	systolischer Blutdruck	diastolischer Blutdruck
Normblutdruck (Normotonie)		
optimal	unter 120 mmHg	unter 80 mmHg
normal	unter 130 mmHg	unter 85 mmHg
hochnormal	130-139 mmHg	85-89 mmHg
Bluthochdruck (arterielle Hypertonie)		
Stufe 1	140-159 mmHg	90-99 mmHg
Stufe 2	160-179 mmHg	100-109 mmHg
Stufe 3	> 180 mmHg	> 110 mmHg

Tab. 2: Ruhepulsklassifikation (Weinek, 2003, S.50)

Bezeichnung	Bedeutung	Schläge/Min.
Bradykardie	Erniedrigte Herzfrequenz	Weniger als 60 Schläge pro Minute
Normokardie	Durchschnittlicher Ruhepuls für einen Erwachsenen	60-80 Schläge pro Minute
Tachykardie	Erhöhte Herzfrequenz	Mehr als 100 Schläge pro Minute

Der BMI (Body Mass Index) ist eine Maßzahl, um Körpergröße und Körpergewicht zueinander in eine Beziehung zu setzen. Damit kann bewertet werden, ob die Person untergewichtig, normalgewichtig oder übergewichtig ist (Gressner A.M., Gressner O.A., 2019, S.12). Die Testperson hat nach der WHO einen BMI im Bereich des Normalgewichts. Der Körperfettgehalt liegt mit 17,2% im gesunden Normalbereich für Männer in diesem Alter (siehe Abb.2 Healthy body fat ranges). Der Blutdruck liegt mit 119 mmHg systolisch, 72 mmHg diastolisch im Bereich der optimalen Normotonie, welcher unter 120 mmHg systolisch und unter 80 mmHg diastolisch liegt. Darüber hinaus wurde der Ruhepuls morgens in ruhiger Lage nach dem Aufstehen gemessen. Mit 54 Schlägen pro Minute liegt er im Bereich der Bradykardie, was sich durch das bereits angepasste Herz-Kreislauf-System des Sportlers an die bisherige Ausdauertrainingserfahrung erklären lässt (Weinek, 2003, S.50).

1.2 Leistungsdiagnostik/Ausdauertestung

Zur Bestimmung der optimalen Intensität der zu planenden Trainingseinheiten ist es von elementarer Bedeutung, zu Beginn den aktuellen Leistungsstand der Testperson festzustellen. Als Testgerät ist das Fahrradergometer am Besten geeignet, da in Zukunft die primäre sportliche Aktivität der Person Radfahren sein wird. Dies ermöglicht die tatsächliche Leistungsfähigkeit der Person optimal darzustellen. Darüber hinaus gibt es noch einige Vorteile, die ebenfalls für das Radergometer sprechen, auf die im Folgenden kurz eingegangen wird: Es besteht keine Gefahr, dass orthopädische Fehlbelastungen auf den Bewegungsapparat einwirken. Da die Tetsperson ab und zu unter Schmerzen im Kniegelenk leidet, ist das ein wichtiger Aspekt, auf den unbedingt Rücksicht genommen werden muss.

Außerdem ist es für die anstehenden Re-Tests von Vorteil, dass die Belastung des Fahrradergometers jederzeit reproduzier- und dosierbar ist. Daraus resultiert auch, dass genügend gesicherte Vergleichswerte in Form von Normwerttabellen vorliegen und einen individuellen Leistungsvergleich ermöglichen.

Für die ausreichende Standardisierung der Testbedingungen wurden einige Parameter zusätzlich protokolliert, bevor mit dem Test begonnen wurde. Die letzten drei Tage vor dem Leistungstest wurde auf Trainingseinheiten auf dem Rad verzichtet, um die maximale Leistungsfähigkeit zu gewährleisten. Das persönliche Stressempfinden wurde von der Testperson (mithilfe einer subjektiven Einschätzung auf einer 10 Punkte Skala, 0 vollkommen entspannt – 10 Panik) mit einer 1 bewertet. Koffein wurde am Tag der Testung nicht konsumiert. Bei der Ernährung der Person gab es keine besonderen Beobachtungen, ca. 2 Stunden vor der Belastung wurden 2 Scheiben Vollkornbrot mit 2 Scheiben Gouda gefrühstückt, was dem Standard Frühstück der Testperson entspricht. Der Test fand in einem Fitnessstudio bei einer Raumtemperatur von 18 Grad Celsius statt. Es wurde ein Fahrradergometer ausgewählt, bei dem die Bewegung im Sitzen ausgeführt wird. Der test erfolgte um 9:00 Uhr morgens, was auch der typischen Trainingszeit der Person entspricht.

Vor dem Beginn des Tests wurde mit der Person Rücksprache gehalten, um mögliche Kontraindikationen wie zum Beispiel Erkrankungen, Medikamenteneinnahme oder Unwohlsein auszuschließen.

Es wurde der IPN Test durchgeführt, da für diesen genügend Normwerte zum Leistungsvergleich vorliegen. Der IPN Test ist ein Stufentest und wird im Folgenden genauer erklärt.

Anhand des vorab geführten Anamnesegesprächs konnte eine Voreinstufung vorgenommen werden. Diese wurde durch Ruheherzfrequenz (54 S/Min) und Alter (21) bestimmt und lag demnach bei 140 Schlägen pro Minute. Bei zusätzlicher Berücksichtigung der Trainingshäufigkeit (bereits ein gutes Trainingsalter im Ausdauertraining, insgesamt 4 Stunden pro Woche seit ca 2 Jahren) kam ein Pulsaufschlag von 10 Schlägen pro Minute noch dazu. Daraus ergab sich für die Person eine individuelle Zielherzfrequenz (Pulsobergrenze) von 150 S/min, die für den nachfolgenden Test als Abbruchkriterium diente. (Trunz, 2001; IPN, 2004, S.4).

Bei dem auszuwählenden Belastungsschema konnte man zwischen dem Testverfahren von Hollmann und Venrath (H&V), dem der WHO (World Health Organisation) und dem Vita-Maxima-Test wählen. Alle diese Testvarianten finden auf dem Fahrradergometer statt. Der Vita-Maxima-Test konnte an dieser Stelle direkt ausgeschlossen werden, da dieser Test hauptsächlich in der Diagnostik von Leistungssportlern eingesetzt wird. Bei dem Test der WHO ist sowohl die Belastungssteigerung, als auch die Stufendauer geringer als bei dem H&V-Test. Daher ist dieses Testverfahren eher für Untrainierte und Trainingseinsteiger geeignet. Der bereits erfahrene Sportler wäre bei dem Test der WHO unterfordert gewesen und wäre innerhalb der Zeit des Tests nicht an die nötige Ausbelastung des Herz-Kreislauf-Systems herangekommen.

Für den H&V-Test qualifizieren sich Personen, die einer Belastung von mindestens 150 Watt, also vier Belastungsstufen, zuzutrauen ist. Dies traf auf den Sportler zu, daher wurde das Testverfahren von H&V gewählt.

Beim Hollmann-Venrath-Test, einem Stufentest mit submaximaler Belastung, beträgt die Stufendauer drei Minuten. Nach diesen drei Minuten wird die Belastung jeweils um 40 Watt gesteigert. Bei dem Belastungsschema der WHO ist sowohl die Belastungssteigerung, als auch die Stufendauer geringer als bei dem H&V-Test. Dieser Prozess wird so lange wiederholt, bis die eben bereits erwähnte Pulsobergrenze von 150 S/min erreicht wird. Währenddessen wird nach jeder Minute die Herzfrequenz gemessen und festgehalten. Die drei Minuten der Stufe, während der die Pulsobergrenze erreicht wird, werden noch komplett absolviert, danach wird der Test abgebrochen. Wenn die Pulsobergrenze vor Ablauf der drei Minuten, nach einer oder zwei Minuten bereits erreicht wird, wird diese Stufe des Tests anteilig berechnet. Das wird als Zeitinterpolation bezeichnet.

Mit der Absolvierung des Testdurchlaufs ist es möglich, die Testergebnisse mit den Normwerten des Geschlechts und der Atersstufe der Person zu vergleichen, um die Leistung bewerten zu können.

Tab. 3: Ausdauertestung Ergebnisse (eigene Darstellung)

Belastungsstufe	Zeit	Wattzahl	Herzfrequenz
1	1	30	70
1	2	30	75
1	3	30	80
2	4	70	82
2	5	70	90
2	6	70	93
3	7	110	105
3	8	110	110
3	9	110	112
4	10	150	113
4	11	150	120
4	12	150	123
5	13	190	129
5	14	190	131
5	15	190	136
6	16	230	142
6	17	230	145
6	18	230	150

Es wurden insgesamt sechs Belastungsstufen komplett durchfahren. Nach der sechsten Stufe wurde die Pulsobergrenze bei 230 Watt nach Ablauf der drei Minuten erreicht, wonach der Test beendet wurde. Eine Zeitinterpolation wurde nicht benötigt, da die drei Minuten der letzten Belastungsstufe noch komplett durchfahren wurden. Die Gesamtleistung der Person lag demnach bei 230 Watt, was eine relative Wattleistung von 3,62 Watt/kg Körpergewicht ergab (230 Watt: 63,5 kg).

Ein interindividueller Vergleich mit den Normwerten für Männer in der Altersgruppe der Person (jünger als 30 Jahre) ergab mit diesem Ergebnis eine Bewertung von einem bereits gut trainierten allgemeinen aeroben Ausdauer-Trainingszustand. Daraus konnten nach zusammenfassender, abschließender Beurteilung des Gesundheits- und Leistungsstatus der Person im darauffolgenden Schritt Trainingsempfehlungen abgeleitet und die optimalen Trainingsintensitäten bestimmt werden.

1.3 Gesundheits- und Leistungsstatus der Person

Wie bereits unter Teilaufgabe 1.1 kurz erläutert wurde, lagen der BMI (also das Körpergewicht), der Körperfettgehalt, der Blutdruck und der Ruhepuls in einem optimalen Bereich. Darüber hinaus waren keine Erkrankungen bekannt und keine Einnahme von Medikamenten nötig. Die einzige Einschränkung, auf die bei der Trainingsplanung der Person Rücksicht genommen werden musste, waren seltene, leichte Knieschmerzen. Daher galt es, dem Aufwärmprogramm besondere Beachtung zukommen zu lassen sowie die Beinmuskulatur gezielt mit ergänzendem Krafttraining zu stärken, wie Uschi Müller bestätigt: „Für Nichtsportler, ältere Menschen oder Personen mit Kniebeschwerden, die sonst keinen Sport machen, ist es empfehlenswert, mit gezieltem Krafttraining Knieschmerzen vorzubeugen. Denn oft resultieren die Schmerzen aus einer ungenügend ausgeprägten Muskulatur und schwachen Bändern und Sehnen, die eine lockere Kniescheibe zur Folge haben." (Müller, 2012, S.1)

Darüber hinaus wäre zu überlegen, in dem hauptsächlich sitzenden Alltag als Student ab und zu in eine stehende Position zu wechseln um das Knie von der Belastung in der angewinkelten, sitzenden Position zu entlasten und zusätzlich die Beinmuskulatur ein wenig zu beanspruchen: „Angewinkelte Beine sind eine Tortur für das Kniegelenk. Denn die Oberschenkelmuskulatur wird verkürzt, es entsteht ein permanenter Zug auf dem Knie und auch andere Muskelgruppen verkümmern, wenn man nicht aktiv dagegen vorgeht. (…) Stehen ist viel aktiver als Sitzen und trainiert somit die Beinmuskulatur." (Müller, 2012, S.1)

Radfahren ist für Menschen mit Kniebeschwerden die gesündeste Ausdauersportart, da hier das Knie nicht fehlbelastet werden. (Müller, 2012, S.1)

Abschließend lässt sich daher festhalten, dass Radfahren die optimal geeignete Ausdauersportart für die Testperson ist und bei Beachtung der oben genannten Punkte nichts dagegen spricht, die Trainingsbelastung auf dem Rad sogar noch weiter zu intensivieren.

2 Teilaufgabe 2 – Zielsetzung/Prognose

In der Tabelle der Zielsetzung und der Prognose wurden die relevanten Ziele des Kunden nochmal eindeutig priorisiert und realisierbar festgelegt.

Die realistische und fest definierte Zielsetzung ist von besonderer Bedeutung, um langfristig zu gewährleisten, dass der Sportler seinen Trainingsplan motiviert, konsequent und zielorientiert verfolgt.

Dabei ist darauf zu achten, dass die Ziele in kurz-, mittel- und langfristig eingeteilt werden, um kleine Erfolgserlebnisse zu sichern und den Fortschritt überprüfbar zu machen. Gegebenenfalls kann der Trainingsplan innerhalb der laufenden Trainingsperiode bereits optimiert werden.

Dabei sollte man sich an der SMART Formel orientieren. Diese Aussagen bestätigen Monika Wastian und Janina Poetschki: „Demnach fördern spezifische und erreichbare, aber herausfordernde Ziele (entsprechend dem S, M, T bzw. dem R in der SMART-Formel) die individuelle Leistung und Zielerreichung, wenn eine Person Feedback zu ihren Zielfortschritten bekommt" (Wastian, Poetschki, 2016, S.2).

Tab. 5 Zielsetzung/Prognose (eigene Darstellung)

Inhalt	Ausmaß	Zeit
Steigerung der Wattleistung im H&V-Ausdauertest	Steigerung von 3,62 Watt/ kg KG auf 3,8 Watt/ kg Körpergewicht	12 Wochen
Erhalt und Ausbau der aeroben Ausdauerleistungsfähigkeit als Vorbereitung auf einen Rad Halbmarathon	34 km Rad Halbmarathon gesund absolvieren, kein zeitliches Ziel gesetzt	6 Monate
Gesundheit des linken Knies	Optimale Abstimmung von Belastung und Erholung, ausreichend Auf- und Abwärmen, zusätzlich im Aufwärmprogramm Kniegelenke stärken und mobilisieren	6 Monate

Die klassischen Ziele für Ausdauersportler wie Reduzierung des Körperfetts, gesteigerte Kondition, niedrigeren Ruhepuls oder optimalen Blutdruck wurden für den Sportler als nicht relevant eingeschätzt, da er sich in diesen Werten bereits in optimalen Bereichen befindet.

Als Hauptziel wurde daher die Gesunderhaltung des linken Knies festgehalten, da darauf im Trainingsplan am meisten Rücksicht genommen werden sollte. Die Stabilität und Beschwerdefreiheit in den Knien ist gerade im jungen Alter von besonderer Bedeutung, um frühzeitige Verschleißerscheinungen auszuschließen. Über dieses Thema kam bei der Person das grundlegende Interesse auf, das Lauftraining demnächst etwas zu reduzieren und stattdessen das Ausdauertraining auf dem Fahrrad zu intensivieren.

Daraufhin wurde bei dem Diagnose Gespräch, welches zu Beginn geführt wurde, der Wunsch zur Teilnahme an einem Rad Halbmarathon genannt. Um diesen gesund zu absolvieren, ist es wichtig, die aerobe Ausdauerleistungsfähigkeit zu stärken. Damit dieses Ziel nach 6 Monaten erreichbar ist muss die Grundlagenausdauer verbessert werden, welche ebenfalls durch das Feinziel von einer Steigerung der Wattleistung im H&V Ausdauertest verfolgt wird. Innerhalb einer Zeit von 12 Wochen ist es realistisch, die Wattleistung von 3,62 Watt/ kg KG auf 3,8 Watt/ kg KG zu steigern. Außerdem ist es wichtig, die lokale Muskulatur auf die zeitliche Dauer der Belastung vorzubereiten, um sie vor frühzeitiger Ermüdung zu schützen, weswegen über die Trainingswochen hinweg auf die Distanz von 34km langsam hingearbeitet wird. Darauf wird nun in der folgenden Trainingsplanung genauer eingegangen.

3 Teilaufgabe 3 – Trainingsplanung Mesozyklus

3.1 Grobplanung Mesozyklus

Tab. 5 Grobplanung Mesozyklus (eigene Darstellung)

Mesozyklusdauer	4 Wochen
Trainingsziel/e bzw. Trainingsbereich/e	70% Aufbau Grundlagenausdauer (GA)
	30% Entwicklung der Grundlagenausdauer (GA2)
	Regenerationseinheiten (REKOM)
Gesamttrainingsumfang/Woche	Woche 1: 150 Minuten
	Woche 2: 180 Minuten
	Woche 3: 175 Minuten
	Woche 4: 190 Minuten
Trainingsmethoden	Extensive Dauermethode
	Variable Dauermethode
	Intensive Dauermethode
Belastungsintensitäten (Pulsober-/untergrenze in Prozent von Hfmax oder Hfreserve)	50-60% Hfmax regenerative Einheit
	70-75% Hfmax extensive Dauermethode
	70-80% Hfmax variable Dauermethode
	80-85% Hfmax intensive Dauermethode
Trainingshäufigkeit / Woche	3 mal
Dauer pro Trainingseinheit	40 Minuten regenerative Einheit
	40-90 Minuten extensive Dauermethode
	40-50 Minuten variable Dauermethode

Trainingsgeräte	45 Minuten intensive Dauermethode
	Fahrrad
	Laufband (Laufen)

3.2 Detailplanung Mesozyklus

Tab. 6 Mikrozyklus Woche 1 (eigene Darstellung)

Mikrozyklus Woche 1	Mo	Mi	Fr
Trainingsziel/	GA1	GA1/GA2	GA1
Tr. Methode(n)	ExDM	Var.DM	ExDM
Tr.Intensität (Pulsober-/untergrenze in Prozent von Hfmax oder Hfreserve)	70-75% Hfmax	60-70% Hfmax ext. Bereich 70-80% Hfmax int. Bereich	70-75% Hfmax
Konkret berechnete Trainingsherzfrequenz Pulsober- und untergrenze in S/min	125-134 S/min	107-125 S/min 125-143 S/min	125-134 S/min
Tr.-Dauer	50min	40min (5:5)	60min
Tr.-Gerät	Rad	Laufband (Laufen)	Rad

Tab. 7 Mikrozyklus Woche 2 (eigene Darstellung)

Mikrozyklus Woche 2	Mo	Mi	Fr
Trainingsziel/	GA1	GA1/GA2	GA1
Tr. Methode(n)	ExDM	Var.DM	ExDM
Tr.Intensität (Pulsober-/untergrenze in Prozent von Hfmax oder Hfreserve)	70-75% Hfmax	60-70% Hfmax ext. Bereich 70-80% Hfmax int. Bereich	70-75% Hfmax
Konkret berechnete Trainingsherzfrequenz Pulsober- und untergrenze in S/min	125-134 S/min	107-125 S/min 125-143 S/min	125-134 S/min
Tr.-Dauer	60min	50min (5:5)	70min
Tr.-Gerät	Rad	Laufband (Laufen)	Rad

Tab. 8 Mikrozyklus Woche 3 (eigene Darstellung)

Mikrozyklus Woche 3	Mo	Mi	Fr
Trainingsziel/	GA1	GA1	REKOM
Tr. Methode(n)	ExDM	Int.DM	ExDM
Tr.Intensität (Pulsober-/untergrenze in Prozent von Hfmax oder Hfre-serve)	70-75% Hfmax	80-85% Hfmax	50-60% Hfmax
Konkret berechnete Trainingsherzfrequenz Puls-ober- und untergrenze in S/min	125-134 S/min	143-152 S/min	89-107 S/min
Tr.-Dauer	90min	45min	40min
Tr.-Gerät	Rad	Laufband (Laufen)	Rad

Tab. 9 Mikrozyklus Woche 4 (eigene Darstellung)

Mikrozyklus Woche 4	Mo	Mi	Fr
Trainingsziel/	GA1	GA1/GA2	GA1
Tr. Methode(n)	ExDM	Var.DM	ExDM
Tr.Intensität (Pulsober-/untergrenze in Prozent von Hfmax oder Hfre-serve)	70-75% Hfmax	60-70% Hfmax ext. Bereich 70-80% Hfmax int. Bereich	70-75% Hfmax
Konkret berechnete Trainingsherzfrequenz Puls-ober- und untergrenze in S/min	125-134 S/min	107-125 S/min 125-143 S/min	125-134 S/min
Tr.-Dauer	70min	50min (10:10)	70min
Tr.-Gerät	Rad	Laufband (Laufen)	Rad

3.3 Begründung zum Mesozyklus

Bei dem vierwöchigen Mesozyklus war das Hauptziel die gesunde, fitte Teilnahme an einem Rad Halbmarathon nach einem halben Jahr Trainingsvorbereitung. Dafür stand die

Verbesserung der Grundlagenausdauer 1 (GA1) zu 70% im Fokus. Die Grundlagenausdauer 1 steht für die aerobe Ausdauerleistungsfähigkeit. Die Reizintensität liegt hier bei niedrig bis mittel und die Reizdauer bei mittel bis hoch (also lange). In den restlichen 30% wird die Grundlagenausdauer 2 traininert, in der die Reizintensität deutlich höher liegt als im GA1 Training. Damit wird der aerob-anaerobe Mischstoffwechsel verbessert (Hanakam, Ferrauti, 2020, S.33).

Zur Anwendung kam die extensive Dauermethode als Basistrainingsmethode. Die Trainingswirkung der extensiven Dauermethode ist neben der Entwicklung und dem Erhalt der Grundlagenausdauer 1 die Kapillarisierung, die Vergrößerung des Mitochondrienvolumens und die Verbesserung der Fettstoffwechselaktivität, führen Hanakam und Ferrauti darüber aus (Hanakam, Ferrauti, 2020, S.34). Innerhalb des Meso- und der Mikrozyklen wird diese Methode mit der intensiven und der variablen Dauermethode kombiniert, um den optimalen Wechsel von niedrigeren und höheren Belastungsintensitäten zu realisieren. Außerdem wird sie für die REKOM (Regeneration/Kompensations)-Einheit zur Erholung verwendet, was Vorteile für den Bewegungsablauf und die Leistungsverbesserung mit sich bringt: „Wenn man sie [die extensive Dauermethode] im leistungsorientierten Sport mit den Bewegungstechniken der Hauptsportart durchführt, wird mit der Ökonomisierung dieser Bewegungstechniken auch die spezielle Ausdauer beeinflusst. Bei sehr niedriger Beanspruchung wird die extensive Dauermethode im Leistungssport auch als Regenerationstraining durchgeführt." (Olivier, Marschall, Büsch, 2008, S. 10).

Da der Sportler bereits eine gut trainierte Ausdauer hat, ist die lokale Ermüdung der primär arbeitenden Muskulatur der limitierende Faktor. In den ersten Trainingswochen wurde daher bei den Trainingeinheiten der extensiven Dauermethode der Fokus nach dem Belastungsumfang auf die lange Belastungsdauer gelegt, um die primär arbeitende Muskulatur, die der Beine, an die neue Belastung zu gewöhnen.

Auch deswegen wurde bei dem Trainingsplan ein Gesamttrainingsumfang von drei Stunden pro Woche gewählt, obwohl der zeitliche Verfügungsrahmen der Person vier Stunden Training pro Woche ermöglichen würde. Ein weiterer Vorteil besteht darin, dass dadurch noch Kapazität für das Krafttraining frei ist, welches für die Stärkung der Beinmuskulatur zur Unterstützung der Knie als ergänzendes Training aufgenommen werden sollte.

Als Parameter zur Bestimmung der Belastungsintensität wurde die Herzfrequenz zugrunde gelegt, da diese nach dem IPN H&V Test zur Leistungseinschätzung am ehesten als Größe geeignet ist. Damit sind auch innerhalb des Mesozyklus genauere Beobachtungen möglich, inwieweit sich die ersten Anpassungserscheinungen des Herzkreislauf Systems bemerkbar machen, da die Herzfrequenz eine sehr genaue und vorallem objektive Steuergröße ist.

Zur Berechnung der maximalen Herzfrequenz wurde die bekannteste Formel verwendet: „HFmax = (…) 200 – Lebensalter für die Fahrradergometrie " (Such, Meyer, 2010, S.1). Das ergab für die Person einen maximalen Puls von 179. Daraus wurde dann für jede Trainingsmethode konkret die Trainingsherzfrequenz in Form von Pulsober- und untergrenze berechnet. Bei der variablen Dauermethode wurde zudem darauf geachet die Pulsunter und -obergrenze sowohl für den extensiven als auch für den intensiven Bereich zu berechnen. Es ist sehr wichtig für das Training konkrete Intensitätsbereiche festzulegen, um zu gewährleisten, dass die trainingswirksame Mindestreizschwelle von 60-65% Hfmax genügend überschritten wird, aber der Organismus auf der anderen Seite auch nicht in jeder Trainingseinheit überfordert wird.

4 Teilaufgabe 4 – Literaturrecherche

Tab. 10 Literaturrecherche Effekte des Ausdauertrainings bei Übergewicht/Adipositas – 1.Studie

Titel der Studie	Adipokine in Abhängigkeit von Körperkomposition und Fettgewebsdistribution bei Adipositas. - Eine sportmedizinische Wirkanalyse von Kraft- vs. Ausdauertraining -
Wer hat die Studie durchgeführt?	Sebastian Mäueler, Inaugural-Dissertation zur Erlangung des Doktorgrades der Naturwissenschaften (Dr. rer. nat.)
In welchem Jahr wurde die Studie publiziert?	2006
Welche Forschungsfrage wurde untersucht?	- Einfluss von Krafttraining im Vergleich zum Ausdauertraining auf ausgewählte endokrine Fettgewebsparameter bei Adipositas (S.43)
Mit welchen Versuchspersonen wurde die Studie durchgeführt?	-26 adipöse Frauen, 263 adipöse Männer zwischen 18 und 67 Jahren - Inklusionskriterien: BMI > 28 kg/m², Sportabstinenz in den letzten 6 Monaten vor Studienbeginn - Körpergewicht beträgt im Mittel 101,9 kg (+/- 17,3kg) - eine Ausdauer- und eine Kraftgruppe (S.42)
Wie sah der Versuchsaufbau der Studie aus?	-Interventionszeitraum 16 Wochen lang -je 2 Einzelgruppen pro Gruppe (4 insgesamt) -Pre-/Post Tests als Untersuchungen

	-3-mal pro Woche Bewegungsprogramm, angepasst an die jeweili-gen Trainingsschwerpunkte -die ersten 4 Wochen ca 40 Minuten Trainingszeit nach der Dauer-methode, danach wird gesteigert bis 60 Minuten Trainingszeit (ab der 9. Woche bis Ende der Intervention), da wird die extensive Inter-vallmethode einmal pro Woche dazu genommen (S.60)
Welche relevanten Er-gebnisse und Schlussfol-gerungen lieferte die Stu-die?	-eine Gewichtsreduktion von 3,6kg bei der Kraftgruppe, bei der Aus-dauergruppe einen Gewichtsverlust von 1,3kg -Taillenumfang reduziert sich bei der Kraftgruppe um 1,1cm, bei der Ausdauergruppe um 2,8 cm (S.71) -deutliche Verbesserung der Kraft- und der Ausdauerleistungsfähig-keit (S.98 f.)

Tab. 10 Literaturrecherche Effekte des Ausdauertrainings bei Übergewicht/Adipositas – 2.Studie

Titel der Studie	Auswirkung eines neunmonatigen Kraft- und Ausdauertrainings auf ausgewählte Parameter der Körperkomposition, des Stoffwechsels und auf Hormone des Fettgewebes, sowie auf leistungsdiagnostische Kennwerte bei adipösen Jugendlichen und jungen Erwachsenen
Wer hat die Studie durchgeführt?	Florian Freytag, Dissertation zur Erlangung des Doktorgrades
In welchem Jahr wurde die Studie publiziert?	2015
Welche Forschungsfrage wurde untersucht?	-untersucht wurden die Effekte eines neunmonatigen Kraft- und Ausdauertrainings, mit einer geplanten Trainingshäufigkeit von zwei Trainingseinheiten pro Woche, auf die Veränderung von Körper-komposition, Fettstoffwechsel, Glukosestoffwechsel und die Hor-mone des Fettgewebes (…) zu untersuchen. (S.4)
Mit welchen Versuchs-personen wurde die Stu-die durchgeführt?	-28 adipöse Jugendliche und junge Erwachsene (durchschnittlich 18,7 Jahre alt) -mittlere Körpergröße von 173cm, durchschnittliches Körperge-wicht von 104kg (S.112) -keine Kontrollgruppe (S.95)
Wie sah der Versuchsauf-bau der Studie aus?	-Messungen zu Beginn und zum Ende der Studie -neun Monate Trainingsdauer -gemessen wurden Größe, Gewicht, BMI, Taillenumfang, Hüftum-fang, Waist-to-Hip-Ratio, Waist-to-Height-Ratio (S.96 f.) -Trainingsablauf: Aufwärmphase, 8 Übungen Krafttraining und im Anschluss 15-45 Minuten Ausdauertraining -Steuergröße für das Ausdauertraining war die Herzfrequenz

	-Aufwärmphase in extensiver kontinuierlicher Dauermethode durchgeführt, Trainingswoche 1-22 Varianten der Dauermethode, Trainingswoche 23-36 Varianten der Intervallmethode (S. 108 f.)
Welche relevanten Ergebnisse und Schlussfolgerungen lieferte die Studie?	-deutliche Steigerung der Ausdauerleistungsfähigkeit bei Abnahme der Parametern BMI, Hüftumfang und WtHR (Waist to Hip Ratio) -bei verminderter Sauerstoffaufnahme (rel. VO2max) waren die Fettgewebshormone Leptin und CRP erhöht -positive Beeinflussung an kardiovaskulären Risikofaktoren mit einer Steigerung der körperlichen Leistungsfähigkeit (S.153 f.)

5 Literaturverzeichnis

Freytag, F. (2015). *Auswirkung eines neunmonatigen Kraft- und Ausdauertrainings auf ausgewählte Parameter der Körperkomposition, des Stoffwechsels und auf Hormone des Fettgewebes, sowie auf leistungsdiagnostische Kennwerte bei adipösen Jugendlichen und jungen Erwachsenen* - Karl-Franzens-Universität, Graz.

Hanakam, F., Ferrauti A. (2020). *Ausdauertraining* – Springer Verlag (S.33 f.)

Manica G, Fagard R, Narkiewicz K, Redon J, Zanchetti A, Bohm M et al. (2013). *Guidelines for the management of arterial hypertension: the Task Force for the management of arterial hypertension of the European Society of Hypertension (ESH) and of the European Society of Cardiology (ESC).* (S.1286)

Mäueler, S. (2006*). Adipokine in Abhängigkeit von Körperkomposition und Fettgewebsdistribution bei Adipositas. - Eine sportmedizinische Wirkanalyse von Kraft- vs. Ausdauertraining* - Universität Bielefeld, Bielefeld.

Müller, U. (2012). *Krafttraining für das Kniegelenk* – abgerufen am 31.12.21 von https://www.daserste.de/information/politik-weltgeschehen/morgenmagazin/service/training-knie-100.pdf

Olivier N., Marschall F., Büsch D. (2008). *Grundlagen der Trainingswissenschaft und - lehre* – Hofmann Verlag, 2. Auflage

Such U., Meyer T. (2010). *Die maximale Herzfrequenz* - Universität des Saarlands/Saarbrücken.

Tanita (2019). *Was ist ein normaler Körperfettanteil?* Stuttgart. Abgerufen am 23.12..21, von https://tanita.de/aktuelles/was-ist-ein-normaler-korperfettanteil/

Wastian M., Poetschki J. (2016). *Zielklärung und Zielerreichung im Coaching* - abgerufen am 01.01.22 von https://link.springer.com/content/pdf/10.1365/s40896-016-0011-3.pdf (S.2)

Weineck, J. (2013). *Ausdauertraining. Trainingssteuerung über die Herzfrequenz- und Milchsäurebestimmung* - Balingen: Spitta.

World Health Organization (WHO). (2000). *Obesity: Preventing and Managing the Global Epidemic: Report of a WHO Consulation.* Geneva, Schweiz.

6 Abbildungs- und Tabellenverzeichnis

6.1 Abbildungsverzeichnis

6.2 Tabellenverzeichnis